大展好書　好書大展
品嘗好書　冠群可期

大展好書　好書大展
品嘗好書・冠群可期

「武術健身方法」評審領導小組

組　長：王玉龍
副組長：楊戰旗　　李小傑　　郝懷木
成　員：樊　義　　杜良智　　陳惠良

「武術健身方法」評審委員會

主　任：康戈武
副主任：江百龍
委　員：虞定海　　楊柏龍　　郝懷木

「武術健身方法」創編者

《雙人太極球》于　海
《天罡拳十二式》馬志富
《形意強身功》林建華
《太極藤球功》劉德榮
《五　形　動　法》王安平
《流星健身球》謝志奎
《龜鶴拳養生操》張鴻俊
《九式太極操》張旭光

序　言

為「全民健身與奧運同行」主題活動增光添彩

國家體育總局武術運動管理中心主任　王筱麟

　　當前，恰逢國家體育總局宣導在全國開展「全民健身與奧運同行」主題系列活動，喜迎 2008 年北京奧運會之機，《 武術健身方法叢書 》的面世具有特殊意義，可慶可賀。

　　這套叢書推出的龜鶴拳養生操、天罡拳十二式、太極藤球功、流星健身球、五形動法、九式太極操、雙人太極球、形意強身功八個武術健身方法，是國家體育總局武術運動管理中心依據國家體育總局體武字〔 2002 〕256 號《 關於在全國徵集武術健身方法的通知 》精神，成立了評審工作領導小組，同時聘請有關專家組成評審委員會，對廣泛徵集起來的申報材料，按照所選方法必須具備科學性、健身性、群眾性及觀賞性的原則，認認真真地評選出來的。

　　這中間嚴格按照「堅持優選、寧缺勿濫」的要求，經歷了粗篩、初評、面向社會展示、徵求意見、修改、完善、終審等多個階段的審核。

　　現奉獻給社會的這八個武術健身方法，既飽含著原創編者們的辛勞，也凝結有相關專家、學者及許多

觀眾的智慧。可以說,是有關領導和眾多名人志士的心血澆灌培育起來的八朵鮮花。

2004年10月,這八個方法首次在鄭州第1屆國際傳統武術節上亮相,初展其姿就贏得了與會62個國家和地區代表們的一致喝彩,紛紛稱讚說觀賞其表演是一種藝術享受。一些代表還建議將這些健身方法推廣到全國乃至世界各地。2005年8月8日,這八個方法還被國家體育總局授予「全國優秀全民健身項目一等獎」。

國際奧會批准武術這個項目在2008年北京奧運會期間舉行比賽,這是武術進軍奧運歷程中的一座極其重要的里程碑,是值得全世界武林同仁熱烈慶賀的盛事。

最近,國家體育總局劉鵬局長在全國群眾體育工作會議上的講話指出:「廣泛組織開展『全民健身與奧運同行』主題活動,可以最大限度地激發人民群眾參加健身的熱情,並使這種熱情與迎接奧運的激情緊密結合,形成在籌備奧運過程中體育健兒緊張備戰、人民群眾積極熱身的良性互動局面。」對武術工作而言,我們在這一大好形勢下,一方面要紮紮實實做好國家武術代表隊的集訓工作,積極備戰,爭取「北京2008武術比賽」的優異成績,為國爭光;另一方面要採取各種形式把全國億萬民眾吸引到武術健身的熱潮中,向世人展示作為武術發源地的中國確實是武術泱泱大國的光輝形象。兩者相輔相成,相得益彰,共同為武術走向世界、造福人類作貢獻。

　　我們隆重推出這八個武術健身方法，對於後者是可以大有裨益的。我們將配合出版發行相關書籍、音像製品等，舉辦敎練員、裁判員、運動員培訓班，組織全國性乃至國際性的武術健身方法比賽等活動，努力爲「全民健身與奧運同行」主題系列活動增光添彩。

創編者簡介

于海，1967 年 1 月出生於山東。7 歲隨父習武，1987 年考入瀋陽體育學院，1991 年畢業，獲得遼寧省優秀畢業生稱號，並留校任教。1994 年晉升副教授，現任瀋陽體育學院民族傳統體育系武術教研室主任、碩士生導師、中國武術七段。

擔任民族傳統體育系武術套路專修課程、本科傳統養生學課程、民族傳統體育專業研究生課程、留學生武術課程的教學，同時擔任瀋陽體育學院太極拳院隊教練工作。

主要研究方向爲傳統武術功法在現代武術教學訓練與康復中的應用，曾應邀多次出國講學。

撰寫「老祈派通背拳」及「通背腿法」在《精武》雜誌連載發表，參與編寫了《體育氣功學》與《初中體育遊戲 400 例》已正式出版，編著的《傳統養生學》教材由遼海出版社出版。

多篇武術論文在國際國內論文報告會中獲獎，並在不同的報刊上發表，其中兩篇論文分別入選 2002 年第 14 屆釜山亞運會論文報告會及《第 7 屆全國體育科學大會論文摘要彙編》，論文《太極與禪》《傳統養生學理論體系研究》獲全國論文報告會優秀獎和二等獎。

　　其中《應用太極推手輔助訓練提高散手運動員摔法與防摔能力及力量耐力水準的實驗性研究》獲得遼寧省自然科學學術成果三等獎，《兩步四段教學法在國際武術傳播中的應用研究》獲得遼寧省「十五」體育科技成果二等獎，課件《養生功法概述》獲得遼寧省「十五」體育科技成果三等獎，創編的《雙人太極球》武術健身功法獲得國家體育總局全國優秀全民健身項目一等獎。所執教的院代表隊在全國和國際比賽中奪得多枚金牌。

目　錄

一、雙人太極球運動簡介

雙人太極球運動是以太極陰陽變化為理論指導，在傳統太極拳練功方法的基礎上，結合現代運動健身理念創編而成的雙人器械健身練功方法。

雙人太極球技術特點鮮明，首先要求單人在能夠熟練運用太極球的基礎上，然後兩人配合由掌、腕、前臂、肘、上臂、肩、胸、背、腰、腹等部位粘球，在粘連黏隨的狀態下，運用粘、貼、揉、絞、掤、雲、捋、旋、擠、吞、按、吐、拋、彈、接等基本技術及方法進行各種技法的演練。

雙人太極球以基本技術為練功核心，以游龍戲珠三十六式為主要演練形式，演練起來輕靈柔和、靈活飄逸、行若游龍。待技術熟練以後，可以即興練習，人隨球變，其功法融健身、觀賞、表演為一體，具有深厚的中國傳統文化的底蘊，透過雙人演練將抽象的陰陽等傳統文化理念直觀地表現出來。

雙人太極球運動具有較好的適宜性，內容豐富，難易適中，運動量可控，適合不同人群練習。由於練習時需要兩人默契配合，高度協調，故能激發練習者的興趣，從而達到良好的鍛鍊效果。

此外，這項運動還具有良好的健身價值，練習時要求雙人由不同身體部位的粘球練習，疏通經絡，活絡關節，

同時由太極球對身體各部位的擠壓，能夠促進血液循環，起到按摩作用，進而達到祛病健身、增進健康的目的。

實踐表明，長期堅持雙人太極球運動，能夠改善體質，提高人體免疫能力，對心血管疾病有一定的療效，特別是對延緩運動器官衰老、防止摔傷及減肥有一定的作用；長期練習還可以使人產生運動愉快感，減輕心理壓力，改善神經系統機能。

太極球的選擇，以皮製為好，可在皮面上鑲嵌玉片，空心金屬球也可，重量不宜過重，大小可根據練習者的身高及相應的技術水準來確定。如果用替代品，要選用對人體有益無害的材質製作。

雙人太極球是一種健身養生的功法，練習時崇尚自然和諧。因此，練功者不要流於記套路，重點在基本技術的鍛鍊，並且可以舉一反三，靈活變化，否則會捨本求末。練習時要求做到人隨球變，球隨人動，達到人球協調一致，開發自身潛能，方為太極球鍛鍊的本意。

二、雙人太極球基本技術

（一）雙人持球方法

1. 以掌心粘球的持球方法

（1）推按球，兩人以單手或雙手同時用掌心分別推按球的前後兩側。（圖 2–1、圖 2–2）

（2）按托球，兩人一方手在上，以掌心向下按壓球；另一方手在下，以掌心向上托球。（圖 2–3）

圖 2–1

圖 2–2

圖 2–3

圖 2-4

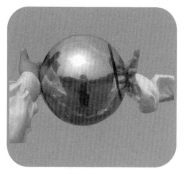

圖 2-5

圖 2-6

（3）夾擠球，兩人以單手同時用掌心分別夾擠球的左右兩側。（圖 2-4）

2. 以手背粘球的持球方法

（1）推擠球，兩人以單手同時用掌背分別推擠球的前後兩側。（圖 2-5）

（2）壓托球，兩人一方手在上，以掌背壓球；另一方手在下，以掌背托球。（圖 2-6）

圖 2-7　　　　　　　　　　圖 2-8

（3）粘抱球，兩人一方用掌背，另一方用掌心同時持球。（圖2-7）

（4）粘夾球，兩人以單手同時用掌背分別夾擠球的左右兩側。（圖2-8）

【要點】

兩人持球不可過緊，一般以球不脫手為宜，兩人觸球點的連線均通過圓心。

（二）雙人太極球基本技術

【說明】

動作圖示中男為甲方、女為乙方。動作過程中的順時針與逆時針方向都以甲方為參照方向。

以下介紹的基本技術都為右式練習法，如無特殊說明，左式練習法同右式，練習時左右互換即可，不再贅述。

1 單手平圓運球練習法

① 預備勢，兩人都以右腳在前，左腳在後，相向站

立，重心偏於左腿，右腳內側相距 10 公分左右；同時，兩人以右掌心粘球，左手落於胯旁。（圖 2-9）

②乙重心前移，右手粘球前推；甲順勢粘球回引至胸前時，腰微右轉，右手引球至右肩前。（圖 2-10）

圖 2-9

圖 2-10

③甲隨即鬆髖，沉肩墜肘，腰微左轉，右手粘球微右引，順勢前推，隨即重心前移，成右弓步；乙隨甲前推之勢粘球回引，重心後坐落於左腿，腰右轉，右手粘球由左肩前引至右肩前，隨即鬆髖，沉肩墜肘，腰微左轉，右手粘球微右引，順勢前推，隨即重心前移成右弓步；甲隨乙前推之勢粘球回引，重心後坐，落於左腿，腰微右轉，右手粘球由左肩前引至胸前。（圖2-11—圖2-14）

【說明】

以上動作為右式單手平圓運球練習法，左式方法同上，唯左右相反。右式單手平圓練習一般為逆時針方向運球，左式一般為順時針方向運球。

左右動作可以循環練習，練功者要根據體質等具體情況，靈活確定練習數量和時間。

圖 2-11

圖 2-12

圖 2-13

圖 2-14

2. 雙手平圓運球練習法

① 預備勢，兩人都以右腳在前，左腳在後，相向站立，重心偏於左腿，右腳內側相距 10 公分左右；同時，兩人以雙手掌心粘球。（圖2-15）

② 乙重心前移雙手粘球前推；甲身體微右轉，重心後移，雙手粘球回引至

圖 2-15

右肩側。（圖2-16）

　③甲隨即重心前移，雙手粘球前推；乙重心後移，雙手粘球回引，身體微左轉，引球至左肩前。（圖2-17）

圖 2-16

圖 2-17

④ 乙隨即腰右轉，引球經胸至右肩前，順勢重心前
移，雙手粘球前推；甲雙手粘球回引，重心後移，隨即身
體微右轉，引球至右肩前（圖 2–18—圖 2–20），此時兩人

圖 2–18

圖 2–19

圖 2-20

雙手粘球沿水平面完成了逆時針運球一周，動作不停，循環練習。

【說明】

以上為雙手逆時針平圓運球練習法，順時針練習方法同上，唯運球方向相反。

3. 單手立圓運球練習法

① 預備勢，兩人都以右腳在前，左腳在後，相向站立，重心偏於左腿，右腳內側相距 10 公分左右；同時，兩人以右掌心粘球，左手落於胯旁。（圖 2-21）

② 甲右手粘球向上、向前推向乙頭部；乙手掌粘球順甲前推之力回引，球至頭部前方時，坐胯，右轉腰，將甲前推之力向右後方引化後，順勢將球按於胯旁。（圖 2-22、圖 2-23）

圖 2-21

圖 2-22

③乙腰左轉，重心前移，將球推向甲腹部；甲順勢回
引，當球引至腹前時，坐胯，右轉腰，向右、向上引球至

圖 2-23

肩前。（圖 2-24、圖 2-25）

　　以上動作不停。甲粘球繼續向上、向前推向乙頭部，
方法同前。循環練習。數次後，甲乙雙方互換。

圖 2-24

圖 2-25

4. 雙手立圓運球練習法

① 預備勢，兩人都以左腳在前，右腳在後，相向站立，重心偏於右腿，左腳內側相距 10 公分左右；同時，兩人雙手掌心粘球。（圖 2-26）

② 甲雙手粘球微上引，隨即重心前移成左弓步，同時雙手粘球沿上弧

圖 2-26

前推；乙雙手粘球順勢回引，重心後坐，雙手引球經胸至
腹前。（圖 2-27—圖 2-29）

　　③乙隨即鬆髖，重心前移成左弓步，雙手粘球沿下弧

圖 2-27

圖 2-28

圖 2-29

前推；甲雙手粘球順勢回引，重心後坐，隨即鬆髖，雙手
粘球由腹前引至胸前。（圖 2-30、圖 2-31）

此時兩人完成立圓運球一周，動作不停，連續循環練

圖 2-30

圖 2-31

習，數次後，甲乙雙方互換。

5. 掌背粘球雙手平圓運球練習法

圖 2-32

① 預備勢，兩人都以右腳在前，左腳在後，相向站立，重心偏於左腿，右腳內側相距10公分左右；同時，兩人以右手掌背粘球，左手扶於對方右肘關節處。（圖 2-32）

② 乙重心前移，右手粘球掤擠甲；甲順勢引球後坐，腰右轉，引球至右胸前。（圖2-33、圖2-34）

圖 2-33

圖 2-34

③ 甲隨即重心前移，沿逆時針方向弧形掤擠乙；乙順勢引球後坐，腰右轉，引球至右胸前。（圖 2-35、圖 2-36）

圖 2-35

圖 2-36

圖 2-37

④ 乙隨即重心前移，沿逆時針方向弧形掤擠甲；甲順勢引球後坐。（圖 2-37）

以上動作不停，循環練習。

【說明】

掌背粘球雙手平圓運球練習法，一般右式為逆時針方向運球，左式為順時針方向運球。

6. 掌背粘球折疊運球練習法

① 預備勢，兩人都以右腳在前，左腳在後，相向站立，重心偏於左腿，右腳內側相距 10 公分左右；同時，兩人以右手掌背粘球，左手落於胯旁。（圖 2-38）

② 甲右臂外旋，右手在上；乙右臂內旋，右手在下。（圖 2-39）

圖 2-38

圖 2-39

③乙右手粘球前擁;甲順勢坐胯,腰右轉,右手粘球引至右髖旁。(圖2-40)

圖 2-40

圖 2-41

④甲乙粘球上引，乙右臂外旋，右手在上；甲右臂內旋，右手在下。（圖 2-41）

圖 2-42

⑤ 甲右手粘球前掤；乙順勢坐胯，腰右轉，右手粘球引至右髖旁。（圖 2-42）

甲乙粘球繼續上引，甲右臂外旋，右手在上；乙右臂內旋，右手在下，動作不停，循環練習。

7. 肩化球練習法

① 預備勢，兩人都以右腳在前，左腳在後，相向站立，甲重心偏於左腿，乙重心偏於右腿，右腳內側相距 10 公分左右；同時，乙雙手持球按於甲右肩窩處，甲雙手自然擺至體側。（圖 2-43）

② 甲先用掤勁接住對方來勁；乙重心前移，用球擠按甲；甲重心後移，上體微右轉，旋肩下沉，化掉乙之來勁。（圖 2-44）

圖 2-43

圖 2-44

③甲隨勢重心前移，掤擠對方；乙重心後移，雙手持球回引，身體微右轉，化掉甲掤擠之力，迅速回按。（圖

2-45、圖 2-46）

以上動作循環練習，然後甲乙互換。

圖 2-45

圖 4-46

8. 腹化球練習法

① 預備勢，兩人都以右腳在前，左腳在後，相向站立，甲重心偏於左腿，乙重心偏於右腿，右腳內側相距10公分左右；同時，乙方雙手持球按於甲腹部，甲雙手自然擺至體側。（圖2-47）

圖 2-47

② 乙雙手粘球推按甲的腹部；甲重心微後移，氣沉丹田，掤住來勁。（圖2-48）

③ 乙繼續推按；甲微坐髖，吸腹吞化，隨即沉氣鼓

圖 2-48

腹，重心前移，丹田發力，擁擠乙；乙重心後移，雙手持球回引，化掉甲擁擠之力。（圖2-49—圖2-51）

乙迅速回按，循環練習，然後甲乙互換。

圖 2-49

圖 2-50

圖 2-51

9. 大捋運球練習法

① 預備勢，兩人相向站立，兩腳與肩同寬；同時，兩人以右手掌心粘球，左手扶於對方右肘關節處。（圖 2-52）

② 乙右手粘球微前推，隨即兩人提右腳，乙右腳前邁成右弓步，同時右臂內旋，右手粘球向甲右肋推出，左手自然擺至左後；甲順勢右腳後撤，右臂外旋，向右、向下引

圖 2-52

至右髖外側，動作不停，繼續向上引球至右肩側；目隨球
動。（圖 2–53—圖 2–55）

圖 2–53

圖 2–54

圖 2-55

③ 甲右臂微內旋，右手粘球回推；乙方順勢重心後移，左手扶於甲右肘關節處，右手粘球回引，隨即甲乙同時提右腳活步。（圖 2-56）

圖 2-56

圖 2-57

④ 甲右臂繼續內旋，右手粘球向乙右肋推出，左手自然擺至左後，右腳前落成右弓步；乙方右腳後撤，同時身體右轉，右臂外旋，右手粘球向右、向下引至右髖外側，動作不停，繼續向上引球至右肩側；目隨球動。（圖2-57、圖2-58）

反覆練習，動作結束時，甲收併右步，身體右轉，左手扶於乙右肘關節處；乙身體左轉，收併右步，兩人相向站立。（圖2-59）

10. 四隅大捋運球練習法

此式為連續向四個斜角做大捋運球的練習，動作方法同大捋運球，以下只說明上步方向，動作方法不再贅述。

① 預備勢，兩人相向站立，兩腳與肩同寬；同時，兩人以右手掌心粘球，左手扶於對方右肘關節處，甲面向

圖 2-58

圖 2-59

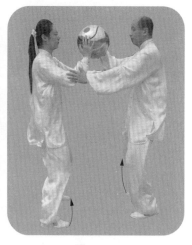

圖 2-60

西，乙面向東。（圖 2-60）

②第一組合甲乙在東北與西南方向上進行練習

首先甲向東北方向撤步，乙向東北方向上步；隨即甲

向西南方向上步，乙向西南方向撤步；然後甲身體右轉，
上左步，扣左腳，面向北，乙扣右腳，收左腳併步，面向
南，同時甲左手扶於乙右肘關節處。（圖 2-61－圖 2-67）

圖 2-61

圖 2-62

圖 2-63

圖 2-64

圖 2-65

圖 2-66

圖 2-67

③ 第二組合甲乙在東南與西北方向上進行練習

首先甲向東南方向撤步,乙向東南方向上步;隨即甲
向西北方向上步,乙向西北撤步;然後甲身體右轉,上左

步，扣左腳，面向東，乙扣右腳，收左腳併步，面向西，
同時甲左手扶於乙右肘關節處。（圖2–68—圖2–74）

圖2–68 　　　　　　　　圖2–69

圖2–70

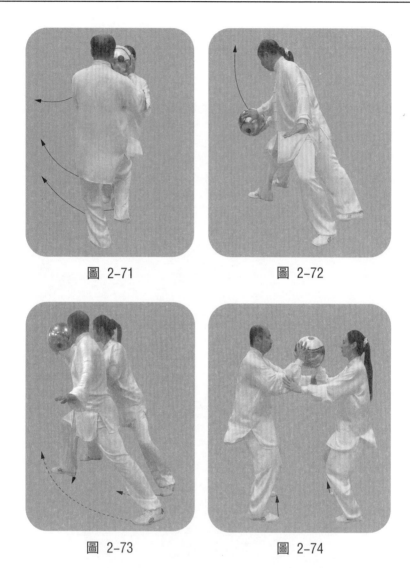

圖 2-71　　　　　　　　圖 2-72

圖 2-73　　　　　　　　圖 2-74

④ 第三組合甲乙在西南與東北方向上進行練習

　　首先甲向西南方向撤步，乙向西南方向上步；隨即甲
向東北方向上步，乙向東北撤步；然後甲身體右轉，上左

步，扣左腳，面向南，乙扣右腳，收左腳併步，面向北，同時甲左手扶於乙右肘關節處。（圖 2-75—圖 2-81）

圖 2-75

圖 2-76

圖 2-77

圖 2-78

圖 2-79

⑤ 第四組合甲乙在西北與東南方向上進行練習

首先甲向西北方向撤步，乙向西北方向上步；隨即甲

圖 2-80

圖 2-81

圖 2-82

向東南方向上步，乙向東南撤步；然後甲身體右轉，上左
步，扣左腳，面向西，乙扣右腳，收左腳併步，面向東，
同時甲左手扶於乙右肘關節處。（圖 2-82—圖 2-88）

圖 2-83

圖 2-84

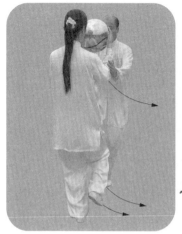

圖 2-85

圖 2-86

圖 2-87

圖 2-88

11. 立圓搖櫓運球練習法

① 預備勢，兩人都以右腳在前，左腳在後，相向站立，重心偏於左腿，右腳內側相距 10 公分左右；同時，兩人以右手掌心粘球，左手扶於對方右肘關節處。（圖 2-89）

圖 2-89

② 按順時針方向左右立圓運球，當球運至腹前時，甲乙左手粘球，右手扶於對方左肘關節處。（圖 2-90、圖 2-91）

圖 2-90

圖 2-91

③當球繼續運至額前時，甲乙右手粘球，左手扶於對方右肘關節處。（圖2-92、圖2-93）

以上動作可反覆練習，當動作熟練後再進行逆時針方

圖 2-92

圖 2-93

向的練習，方法同上，唯方向相反。

12. 絞球練習法

① 預備勢，兩人都以右腳在前，左腳在後，相向站立，重心偏於左腿，右腳內側相距10公分左右；同時，兩人以右手掌心粘球，掌指朝前，左手落於胯旁。（圖2-94）

② 甲右手掌心粘球先內旋，當旋至手心朝下時再外旋，球經右手掌心、小指側緣、掌背、拇指側緣後，再回到掌心；同時乙方右手掌心粘球先外旋，當旋至掌心朝上時再內旋，球經右手掌心、拇指側緣、掌背、小指側緣後，再回到掌心，球相對於甲逆時針旋轉一周。（圖2-95—圖2-98）

圖 2-94

圖 2-95

圖 2-96

圖 2-97　　　　　　　　圖 2-98

可以連續使球逆時針旋轉，待熟練後再進行順時針旋轉的練習，方法同前，唯方向相反。

13. 揉球練習法

雙方用身體關節部位對球進行控制，用暗勁由球來擁擠對方，而對方則由觸球點角度的變化，以最小的動作化掉對方來力，並回擠對方的練習。整個練習過程的接觸點只能變化角度，但接觸點不能移動。此式主要以腕、肘、肩為主要練習部位，學練者可以反覆實踐，細心體會，逐步掌握練習方法與要領，圖為肘部揉球練習。（圖 2-99）

圖 2-99

三、雙人太極球游龍戲珠三十六式

（一）動作名稱

第 一 式　無極涵象（預備勢）

第 二 式　鴻蒙濟判（起勢）

第 三 式　雁落平沙（仆步抱球）

第 四 式　龍鳳含珠（虛步抱球）

第 五 式　綠波蕩舟（原地雙手平圓運球）

第 六 式　雲中漫步（進退三步單手平圓運球）

第 七 式　巧運周天（原地雙手立圓運球）

第 八 式　滄海逐浪（進退三步單手立圓運球）

第 九 式　飛燕抄水（折疊運球）

第 十 式　紫燕雙飛（滾球大捋）

第十一式　閒庭信步（圓形步左右立圓運球）

第十二式　龍鳳戲珠（活步大捋運球）

第十三式　風擺荷葉（仰身運球）

第十四式　抽身幻影（行步推球）

第十五式　移星換斗（彈拋接球、仰身雲球）

第十六式　靈猴獻果（弓步立圓運球）

第十七式　怪蟒翻身（翻身立圓運球）

第十八式　二龍戲珠（連環絞球）

第十九式　川流不息（進退步粘推球）

第二十式　三環套月（套步擠撞球）

第二十一式　玉女穿梭（活步立圓運球）

第二十二式　金雞抖翎（腹手彈球）

第二十三式　流星趕月（背後拋球）

第二十四式　獅子滾球（腕臂滾球）

第二十五式　懷中抱月（獨立抱球）

第二十六式　旋轉陰陽（行步抱球）

第二十七式　雙龍擺尾（搓滾球）

第二十八式　金蟾吸珠（右肩化球）

第二十九式　九曲運珠（肩頸滾球）

第 三十 式　織女紡線（立圓運球）

第三十一式　諸葛搖櫓（立圓換手運球）

第三十二式　仙人迎客（大捋立圓運球）

第三十三式　俯仰乾坤（仰身雲球）

第三十四式　金雞獨立（獨立粘推球）

第三十五式　龍鳳呈祥（仆步放球）

第三十六式　引氣歸元（收勢）

（二）動作圖解

第一式　無極涵象（預備勢）

① 甲乙雙方（男為甲、女為乙）距球各 1.5 公尺左右，面南併步站立，兩眼目視前方，保持心靜體鬆，調息凝神片刻。（圖 3–1）

② 甲向左轉 90°，面向東，乙向右轉 90°，面向西，雙方相向站立，目視對方，互行抱拳禮。（圖 3–2）

然後甲乙雙方右拳變掌，雙手落於體側。

【要點】

兩人與太極球的距離根據各自的步幅大小決定，以第二式結束時的右腳到達太極球的側後方為標準。

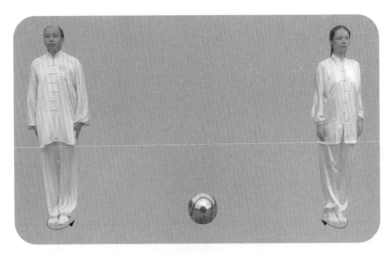

圖 3-1

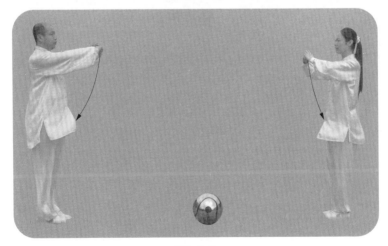

圖 3-2

第二式　鴻蒙濟判（起勢）

① 甲右腳向右開步，與肩同寬；乙左腳向左開步，與肩同寬；然後甲乙同時兩手緩緩抬起，與肩同高，再鬆髖屈膝，兩掌緩緩下按至兩髖前。（圖 3-3、圖 3-4）

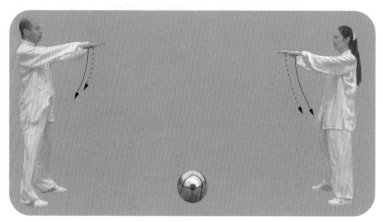

圖 3-3

圖 3-4

②甲乙雙方右腳提起收於左腳內側，兩手胸前合抱，左手在上，右手在下；然後右腳向右後撤步，重心後移，腰右轉，右手擺至右肩側上方，左手扶於右腕處；身體左轉，左腳活步成虛步，左手摟按於左胯旁，手心朝下，右臂內旋，手心朝斜後成白鶴亮翅勢；目視前方。（圖3-5—圖3-7）

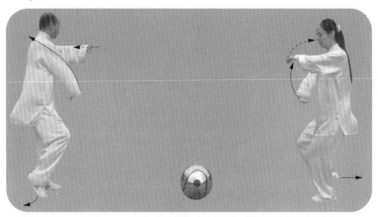

圖 3-5

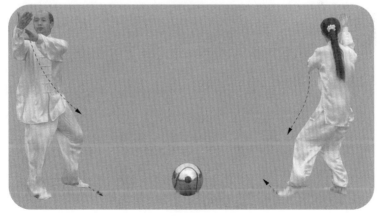

圖 3-6

圖 3-7

③甲乙雙方右臂外旋下落，隨身體右轉經胸前擺至右肩側，左臂外旋上抬，弧形擺至右肩前；同時，左腳收至右腳內側（圖3-8）。身體左轉，左腳前邁成左弓步；同時，左手經左膝前摟按至左胯旁，右手前推成摟膝拗步勢；目視前方。（圖3-9）

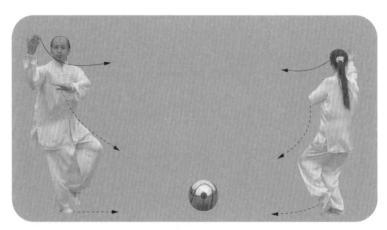

圖 3-8

圖 3-9

④甲乙雙方右腳跟進半步，重心移至右腿，左腳活步蹬踏，腳跟著地；同時，左手隨身體右轉向右側擺起，右臂後引，沉肩墜肘，兩臂相合，左手高與鼻齊，右手至於左肘側成手揮琵琶勢；目視對方。（圖 3-10）

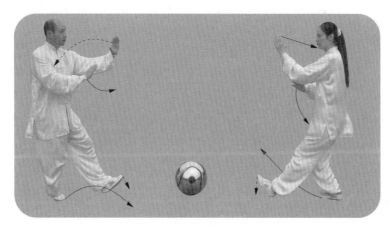

圖 3-10

⑤ 甲乙雙方身體微左轉，左腳外展45°下落，重心左移，右腳收於左腳內側，左手擺收至右肩前，右手弧形下擺至左肋下，隨即右腳向右前45°邁出，左腳跟碾地，重心右移成右弓步；同時，左手擺收至右肩前，右手弧形下擺至左肋下，然後兩手向左右兩側分開，右手高與頭齊，左手與左髖同高成大鵬展翅勢；目視對方。（圖3-11、圖3-12）

圖 3-11

圖 3-12

【要點】

此式為起勢動作，能使練功者身心迅速進入練功的最佳狀態，同時具有調整位置的作用。練習者也可只做動作①與⑤。

第三式 雁落平沙（仆步抱球）

甲乙雙方重心左移，左腿屈膝下蹲成右仆步；同時，互用右手掌心粘球，掌心朝左，指尖朝前；左手順勢擺於左肩上方；目視太極球。（圖 3-13）。

【要點】

下蹲時，虛領頂勁，腰胯放鬆，上體不要過於前傾。

圖 3-13

第四式 龍鳳含珠（虛步抱球）

甲乙雙方左腳蹬地，身體立起，右腳活步，成右虛

步，右腳內側相距 10 公分；同時，兩人右手粘球至胸高時，右臂內旋，掌指朝上，隨即左手粘球，成兩人雙手持球。（圖 3–14）

【要點】

身體起立時不要過快，勻速起身，左手粘球與右腳活步同時進行。

圖 3–14

第五式　綠波盪舟（原地雙手平圓運球）

① 接上動，雙手粘球向上、向右、向下運球，當球運至甲右肩前時，乙重心前移，雙手粘球前推；甲身體微右轉，重心微後移，雙手粘球回引。（圖 3–15）

圖 3-15

② 甲隨即腰微左轉，引球至左肩前順勢重心前移，雙手粘球前推；乙重心後移，雙手粘球回引，身體微右轉，引球至右肩前。（圖 3-16、圖 3-17）

圖 3-16

圖 3-17

③ 乙隨即腰微左轉，引球經胸至左肩前順勢重心前
移，雙手粘球前推；甲雙手粘球回引，重心後移，身體微
右轉，引球至右肩前。（圖 3-18－圖 3-20）

圖 3-18

圖 3-19

圖 3-20

以上動作是兩人雙手粘球沿水平面完成順時針運球一周，練習時動作不停，連續運球三周。

【要點】

兩人運球軌跡要平，在保持身形中正的基礎上，球運行的平面儘量大；雙手粘球的力量要均衡，要不丟不頂；速度均勻，要由重心的移動來帶動推球與引球，一般引球時為吸氣，推球時為呼氣，但不可勉強，以自然舒暢為佳。

第六式　雲中漫步（進退三步單手平圓運球）

① 接上動。當球推至甲右肩前時，兩人左手下按至左髖旁，右手粘球；甲鬆髖，沉肩墜肘，腰微左轉。（圖3-21）

圖 3-21

② 甲右手粘球微右引，順勢前推，隨即重心前移，左腳提起經右踝內側上步，成左弓步；乙隨甲前推之勢粘球回引，重心後坐，腰微右轉，隨即右腳提起經左踝內側後

撤，重心落於右腿，右手粘球由左肩前引至右肩前。（圖
3-22—圖 3-24）

圖 3-22

圖 3-23

圖 3-24

③ 乙隨即鬆髖，沉肩墜肘，腰微左轉，右手粘球微右引，順勢前推，隨即重心前移成左弓步；甲隨乙前推之勢粘球回引，重心後坐落於右腿，腰微右轉，右手粘球由左肩前引至胸前。（圖 3-25）

圖 3-25

④ 甲隨即鬆髖，沉肩墜肘，腰微右轉，右手粘球引至右肩前，順勢前推，隨即重心前移，右腳提起經左踝內側上步，成右弓步；乙隨甲前推之勢粘球回引，腰微左轉，重心後坐，隨即左腳提起經右踝內側後撤，重心落於左腿，腰微右轉，右手粘球由左肩引至右肩前。（圖 3-26—圖 3-28）

圖 3-26

圖 3-27

圖 3-28

⑤ 乙隨即鬆髖，沉肩墜肘，腰微左轉，右手粘球微右引，順勢前推，隨即重心前移成左弓步；甲隨乙前推之勢粘球回引，重心後坐落於右腿，腰微右轉，右手粘球由左肩前引至胸前。（圖 3-29、圖 3-30）

圖 3-29

圖 3-30

⑥甲鬆髖，沉肩墜肘，腰微左轉，右手粘球引至右肩前，順勢前推，隨即重心前移，左腳提起經右踝內側上步，成左弓步；乙隨甲前推之勢粘球回引，重心後坐，腰微右轉，隨即右腳提起經左踝內側後撤，重心落於右腿，右手粘球由左肩前引至右肩前。（圖3-31—圖3-33）

圖 3-31

圖 3-32

圖 3-33

⑦ 乙隨即鬆髖，沉肩墜肘，腰微左轉，右手粘球微右
引，順勢前推，隨即重心前移成左弓步；甲隨乙前推之勢

粘球回引，重心後坐落於右腿，腰微右轉，右手粘球由左肩前引至胸前。（圖 3-34）。

【要點】

行走時，腰髖放鬆，邁步輕靈，邁步與運球速度要一致，一步運球一周，運球時以腰為樞紐；前推時以腰催肩、以肩催肘、以肘催掌、以掌催球，引球時要以腰帶肩、以肩帶肘、以肘帶掌、以掌粘球。其餘參照綠波蕩舟動作要點。

圖 3-34

第七式　巧運周天（原地雙手立圓運球）

① 接上動。兩人同時左手掌心粘球，成雙手推按球。（圖 3-35）

圖 3-35

② 甲雙手粘球微上引，隨即重心前移成左弓步，同時
雙手粘球沿上弧前推；乙雙手粘球順勢回引，重心後坐，
雙手引球經胸至腹前。（圖3-36─圖3-38）

圖 3-36

圖 3-37

圖 3-38

③乙隨即鬆髖，重心前移成左弓步，雙手粘球沿下弧前推；甲雙手粘球順勢回引，重心後坐，隨即鬆髖，雙手粘球由腹前引至胸前。（圖3-39、圖3-40）

圖 3-39 　　　　　　　　　圖 3-40

以上動作是兩人共同完成立圓運球一周，練習時動作不停，連續運球三周。

【要點】

當球運行到己側時，要儘量貼近身體，並做到沉肩墜肘、空腋，不可失去掤勁；向下引球時配合呼氣，向上引球時配合吸氣；動作運行以腰為樞紐，身體與球協調配合，運行路線不可出現凹凸，要圓活流暢。

第八式　滄海逐浪（進退三步單手立圓運球）

①接上動。當球推至甲胸前時，甲鬆髖下沉，粘球微

向下按，同時兩人左手下按至左髖旁。（圖 3–41）

　　② 甲右手粘球，重心前移，沿下弧推向乙腹部。（圖 3–42）

圖 3–41

圖 3–42

③乙順勢粘球回引經腹到胸，隨即重心前移，右腳提起經左踝內側上步，同時右手粘球沿上弧推向甲面部；甲順勢粘球回引，重心後坐，左腳提起經右踝內側後撤。（圖3-43、圖3-44）

圖 3-43

圖 3-44

④乙隨即重心前移成右弓步，右手粘球前按；甲重心移於左腿，右手粘球回引經胸向腹前下按，隨即重心前移，右手粘球沿下弧推向乙腹部；乙順勢重心後移，右手粘球回引。（圖3-45、圖3-46）

圖 3-45

圖 3-46

⑤乙右手引球經腹到胸，隨即重心前移，左腳提起經右踝內側上步，同時右手粘球沿上弧推向甲面部；甲順勢粘球回引，重心後坐，右腳提起經左踝內側後撤。（圖3-47、圖3-48）

圖 3-47

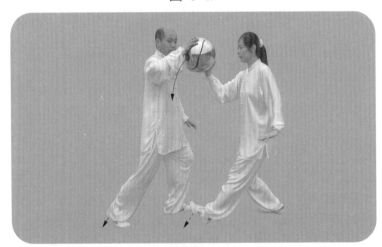

圖 3-48

⑥乙隨即重心前移成左弓步，右手粘球前按；甲重心
移於右腿，右手粘球回引經胸向腹前下按，隨即重心前
移，右手粘球沿下弧推向乙腹部；乙順勢重心後移，右手
粘球回引。（圖3-49、圖3-50）

圖 3-49

圖 3-50

⑦ 乙方順勢引球經腹到胸，隨即重心前移，右腳提起
經左踝內側上步，同時右手粘球沿上弧推向甲面部；甲順
勢粘球回引，重心後坐，左腳提起經右踝內側後撤。（圖
3-51、圖 3-52）

圖 3-51

圖 3-52

⑧乙隨即重心前移成右弓步，右手粘球前按；甲重心
移於左腿，右手粘球回引經胸向腹前下按，隨即重心前
移，右手粘球沿下弧推向乙腹部；乙順勢重心後移，右手
粘球回引。（圖3–53、圖3–54）

圖 3–53

圖 3–54

【要點】

第六式是平圓運球，追求雲中漫步的意境，因此行走時強調輕靈。而此式動作為立圓運球，追求滄海逐浪的意境，因此行走時強調步伐的沉實，要求下肢、軀幹與上肢的運球要協調配合，其餘要點可參照第七式巧運周天的動作要點。

第九式　飛燕抄水（折疊運球）

乙方右手粘球向右胸前微引，隨即兩人提右腳活步，擺繞至對方右腿外側；然後乙臂內旋，重心前移成右弓步，右手粘球向甲右肋推出；甲順勢上體右轉，右臂外旋，向右、向下引至右髖外側，目隨球動。（圖3-55、圖3-56）

圖 3-55

圖 3-56

【要點】

此式要體現飛燕的輕靈，動作流暢；甲方鬆腰坐胯，在保持身體中正的基礎上最大限度地向右轉腰，兩人充分體現粘連黏隨、不丟不頂的技法特點。此式單獨練習時，雙方左腳不動，右腳隨動作活步，雙方互換練習。

第十式　紫燕雙飛（滾球大捋）

① 甲繼續引球至右肩側，右臂微內旋，右手粘球回推；乙方順勢重心後移，粘球回引，隨即甲乙同時提右腳活步。（圖 3-57）

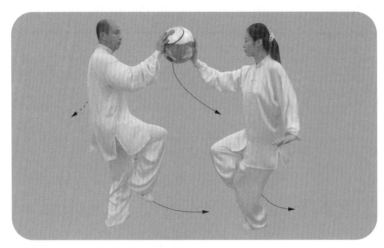

圖 3-57

②甲右臂繼續內旋，右手粘球向乙方右肋推出，右腳前落；乙方右腳後撤，同時身體右轉，右臂外旋，右手粘球向右、向下引。（圖3-58、圖3-58附圖）

圖 3-58

圖 3-58 附 圖

③乙方重心右移，身體微右轉，右手粘球繼續右引；甲順勢繞乙方身體上左步，右手粘球前推。（圖 3-59、圖 3-59 附圖）

圖 3-59

圖 3-59 附 圖

④ 乙身體右轉，左腳隨轉體上左步，兩腳平行，右手粘球由下向上引至右肩前；甲順勢繞乙身體上右步，右腳外擺，右手粘球隨乙引球方向前推。（圖 3-60、圖 3-60 附圖）

圖 3-60

圖 3-60 附 圖

⑤甲右臂微外旋，乙方右臂內旋，兩人粘球上引至面前；甲身體右轉，同時上左步，扣左腳，兩腳平行，兩人同時直立站起，兩膝微屈。（圖3-61）

圖 3-61

⑥乙臂先外旋再內旋，右手掌心、掌外沿、掌背再到掌心依次粘球（圖3-62—圖3-66），然後向甲肋部推出，同時右腳上步成右弓步，左手擺於身體左側；甲順勢撤右腳成右弓步，右臂外旋向右、向下引至右髖外側，動作不停，右臂微外旋繼續上引至右肩前，同時左手輕扶乙肘關節處，目隨球動。（圖3-67、圖3-68、圖3-68附圖）

圖 3-62

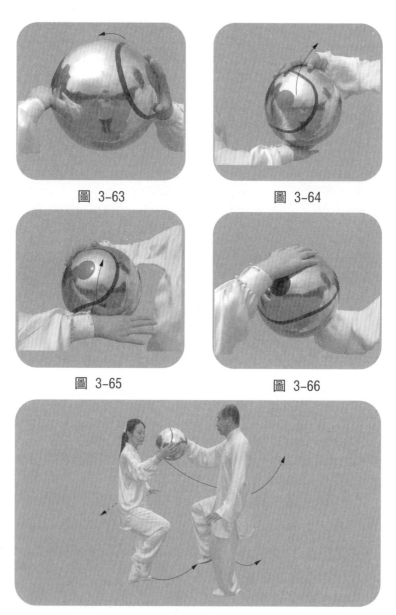

圖 3-63

圖 3-64

圖 3-65

圖 3-66

圖 3-67

圖 3-68

圖 3-68 附圖

⑦ 甲順勢粘球推向乙，乙方粘球回引。（圖 3-69、圖
3-69 附圖）

圖 3-69

圖 3-69 附 圖

⑧甲隨即右腳上步，與左腳平行站立，重心微起；乙
右腳撤步，與左腳平行站立，重心微起，同時右臂先內旋
再外旋，右手掌心、虎口再到掌背依次粘球回引。（圖
3-70、圖3-70附圖①─③）

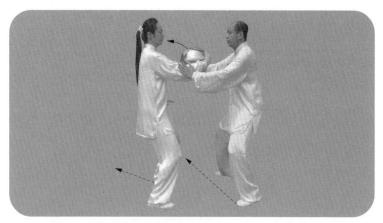

圖 3-70

圖 3-70 附圖 ①

圖 3-70 附圖 ②

圖 3-70 附圖 ③

⑨隨即甲乙同時左手掌心粘球，右手按於右髖旁；甲上左步，左手掌心粘球後推向乙；乙順勢左腳向後撤步，左手粘球向下、向左引球。（圖3-71）

圖 3-71

⑩ 乙身體微左轉，左腳後撤，左手粘球上引；甲順勢繞乙身體上右步，左手粘球前推。（圖3-72）

⑪ 乙左臂微內旋，繼續粘球向上引至面前，同時身體左轉，右腳上步與左腳平行直立，兩膝微屈；甲隨乙身體左轉，並左步與右腳平行直立，兩膝微屈；甲乙同時右手迎球，成雙手持球，甲面向東，乙面向西。（圖3-73）

【要點】

此式要體現紫燕上下翻飛之敏捷飄逸，對於手掌各部位依次粘球的手法要求比較高，要仔細體會要領，熟練掌握。如果單式練習，兩人可以互換練習，左右手也可互

圖 3-72

圖 3-73

換，以增加練習興趣。

第十一式　閒庭信步（圓形步左右立圓運球）

① 兩人抬右腳向自己的左前方蓋步，腳尖外展；同時，兩人粘球（以甲為參照方向）向左、向下經腹前向右、向上至兩人面前，左右立圓運行一周。（圖 3-74、圖 3-75）

圖 3-74

圖 3-75

② 兩人抬左腳向前成弧形扣步，身體右轉；同時，兩人粘球（以甲為參照方向）向左、向下經腹前向右、向上至兩人面前，左右立圓運行一周。（圖 3-76、圖 3-77）

③ 甲抬右腳向自己的左前方蓋步，腳尖外展；乙重心右移，上體微右轉；同時，兩人粘球（以甲為參照方向）向左、向下經腹前向右、向上至兩人面前，左右立圓運行一周。（圖 3-78）

圖 3-76　　　　　　　　圖 3-77

圖 3-78

④ 然後甲左腳向前上步成弧形扣步，兩腳與肩同寬，面向西，乙右腳併步，與肩同寬，面向東；同時，兩人粘

球（以甲為參照方向）向左、向下經腹前向右、向上至兩
人面前，左右立圓運行一周。（圖 3-79─圖 3-81）

圖 3-79

圖 3-80

圖 3-81

【要點】

此式要求動作舒緩，上下肢協調配合，充分體現以腰帶臂、腰為主宰的運動特點，使帶脈得到充分鍛鍊。

第十二式　龍鳳戲珠（活步大捋運球）

① 接上動，甲乙右手粘球，左手擺於身體左側，乙粘球微前推，甲粘球微後引；同時，兩人右腳提起。（圖3-82）

圖 3-82

② 甲順勢向左後方撤右步，重心右移，身體右轉，右臂外旋，右手粘球向右、向下引至右髖外側，左手順勢擺於身體左側；乙同時右臂內旋，右手粘球隨甲引球方向前推，繞甲身體上右步，上左步、扣左腳，再上右步，右腳尖外展，身體右轉。（圖3-83—圖3-85）

圖 3-83

圖 3-84　　　　　　　圖 3-85

③甲身體右轉，收左腳，兩腳平行站立，與肩同寬，面向東，右臂同時內旋引球至右肩前上方；乙上左步，扣

左腳，兩腳平行站立，與肩同寬，身體右轉，面向西，右手粘球隨甲引球方向推至右肩前上方，甲乙相向而立。（圖3–86）

④ 接上動。甲右手粘球微前推，乙右手粘球微後引，兩人同時右腳提起，左手於身體左側外撐。（圖3–87）

⑤ 乙順勢向左後方撤右步，重心右轉，身體

圖 3–86

右轉，右臂外旋，右手粘球向右、向下引至右髖外側，左手不變；甲同時右臂內旋，右手粘球隨乙引球方向前推，

圖 3–87

繞乙身體上右步，上左步、扣左腳，再上右步，右腳尖外
展，身體右轉。（圖 3-88—圖 3-90）

圖 3-88

圖 3-89

圖 3-90

⑥乙身體右轉，收左腳，兩腳平行站立，與肩同寬，面向東，右臂同時內旋引球至右肩前上方；甲上左步，扣左腳，兩腳平行站立，與肩同寬，身體右轉，面向西，右手粘球隨乙引球方向推至右肩前上方，甲乙相向而立。（圖3-91）

圖 3-91

⑦接上動。乙右手粘球微前推，甲右手粘球微後引，兩人同時右腳提起。（圖3-92）

⑧甲順勢向左後方撤右步，重心右移，身體右轉，右臂外旋，右手粘球向右、向下引至右髖外側，左手順勢擺

圖 3-92

於身體左側；乙同時右臂內旋，右手粘球隨甲引球方向前推，繞甲身體上右步，上左步、扣左腳，再上右步，右腳尖外展，身體右轉。（圖 3-93—圖 3-95）

圖 3-93

圖 3-94

圖 3-95

⑨ 甲身體右轉，收左腳，兩腳平行站立，與肩同寬，面向東，右臂同時內旋引球至右肩前上方；乙上左步，扣左腳，兩腳平行站立，與肩同寬，身體右轉，面向西，右手粘球隨甲引球方向推至右肩前上方，甲乙相向而立。（圖3-96）

圖 3-96

⑩ 接上動。甲右手粘球微前推，乙右手粘球微後引，兩人同時右腳提起，左手於身體左側外撐。（圖3-97）

⑪ 乙順勢向左後方撤右步，重心右移，身體右轉，右

圖 3-97

臂外旋，右手粘球向右、向下引至右髖外側，左手不變；
甲同時右臂內旋，右手粘球隨乙引球方向前推，繞乙身體
上右步，上左步、扣左腳，再上右步，右腳尖外展，身體
右轉。（圖3-98—圖3-100）

圖 3-98

圖 3-99

圖 3-100

⑫乙身體右轉，收左腳，兩腳平行站立，與肩同寬，面向東，右臂同時內旋引球至右肩前上方；甲上左步，扣左腳，兩腳平行站立，與肩同寬，身體右轉，面向西，右手粘球隨乙引球方向推至右肩前上方，甲乙相向而立。（圖3-101）

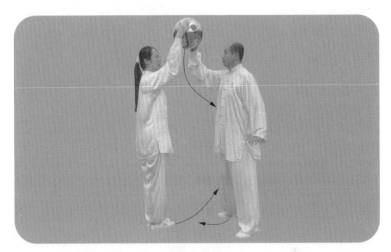

圖 3-101

【要點】

此式是雙人太極球的主要技術之一，平時可以單式練習。練習時步幅的大小可以根據兩人的具體情況來決定，以流暢順達為標準；兩人繞行時要以對方為圓心，貼近對方身體；運球時要人隨球變，步隨球動，充分體現行如游龍、動似飛鳳的身法特點。

第十三式　風擺荷葉（仰身運球）

① 接上動，乙右手粘球微前推，左手外撐不變；甲順

勢抬右腳向左腳前蓋步，身體右轉，右臂外旋，右手粘球
沿下弧向東北方向引球，左手外撐不變；乙同時右臂內
旋，右手反手粘球隨甲引球方向托推，向左前方上右步。
（圖 3-102、圖 3-102 附圖）

圖 3-102

圖 3-102 附圖

②乙隨即身體左轉，左腳向左後方撤步，面向西，乙右手反手粘球由後向右微擺；甲當乙撤左步時左腳向東北方向上步，右手粘球隨乙方擺動。（圖 3-103、圖 3-103 附圖）

圖 3-103

圖 3-103 附圖

③ 兩人單手粘球逆時針平雲至甲胸前,甲雙手持球,乙仍然右手反手托球,隨平雲身體由右向左擺動。（圖3-104）

圖 3-104

④ 甲隨即連續上左步、上右步雙手粘球繞乙方身體行走一周,步數不限,最後一步右腳在前;乙隨甲行走右手反手托球沿平圓逆時針方向雲球一周,同時身體隨手臂動作仰身雲擺,眼隨球動。（圖 3-105—圖 3-107）

【要點】

甲動作幅度要根據乙動作幅度的大小來決定,整個動作不要停頓,要一氣呵成;此式運動幅度較大,乙身體的俯仰動作不要過於勉強,也可不做,只仰頭雲球即可;如果單式練習,兩人無須停頓,動作結束後接做併步雙手持球勢,然後直接互換練習。

圖 3-105

圖 3-106

圖 3-107

第十四式　抽身幻影（行步推球）

① 接上動。甲上左步，乙右腳活步，身體右轉，再上左步；同時，兩人分別用左手掌心粘球，左臂微屈，右手於身體右側外撐。（圖 3-108）

② 兩人以球為圓心，擺扣步沿逆時針方向行走，當行至東西位置時（甲在東側，乙在西側），雙方雙手持球，甲身體左轉，右腳經左腿前向東上步成右虛步，乙身體右轉，左腳經右腿前向西上步成左虛步。（圖 3-109—圖 3-112）

圖 3-108

圖 3-109

圖 3-110

圖 3-111

③甲身體繼續左轉，雙手持球經腦後繞至左肩前，右腿蹬直，左腿提膝，同時左手托球，高與肩平，左肘與左膝

圖 3-112

相對，右手擺於身體右側外撐；乙雙手脫離球後，身體繼續右轉，左腿蹬直，右腿提膝，同時右手成托掌，高與肩平，右肘與右膝相對，左手擺於身體左側。（圖 3-113）

圖 3-113

【要點】

兩人步調一致，行走時腰胯放鬆，速度緩慢均勻；行走過程中圓周直徑保持一致。

第十五式　移星換斗（彈拋接球、仰身雲球）

① 甲左腳下落，右腳上半步，右手接托球，右臂屈肘使球滾至肘窩處，隨即迅速直臂用肘窩將球彈出，左手落於身體左側；乙同時右腳向後落步，隨即左腳後撤半步，右手接托球。（圖 3-114—圖 3-116）

② 甲彈球後，左腳原地外擺，身體左轉，右腳於左腳前扣步，面向東；同時，左臂內旋，右手經左腋下向前穿出，掌心向上，左臂架於頭上；目視右掌。（圖 3-117、圖 3-118）

圖 3-114　　　　　　　　　圖 3-115

圖 3-116

圖 3-117

圖 3-118

③甲身體繼續左轉，左腳擺步面向西；同時，左掌經頭後雲擺至左肩前，右臂內旋，右手撐於身體右側；隨即上右步向乙行走。（圖3-119、圖3-120）

④乙方左腳向右腿後插步；同時，右手托球向裏經右腋下向右後穿出，左手擺至左肩前。（圖3-121）

圖 3-119   圖 3-120

圖 3-121

⑤ 接上動。雙腳以腳掌為軸，身體左轉；同時，右手反手托球隨轉體向左經頭上雲擺一周，身體隨手臂動作俯仰雲擺，然後雙手持球於頭前上方，身體左轉。（圖3-122—圖3-125）

圖 3-122

圖 3-123

圖 3-124

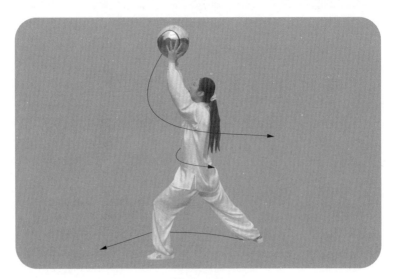

圖 3-125

⑥乙右腳向左腳前扣步，身體左後轉，左腳活步成左弓步，面向東，雙手持球前推，目視甲；甲同時向乙連續上步，步數以雙方距離遠近而定，最後一步為右步，右腿蹬直，左腿屈膝提起，右掌掌心粘推球，左手撐於體側，目視球。（圖3-126）

圖 3-126

【要點】

甲屈肘托球及直臂彈拋球動作不要停頓、僵硬，球滾至肘關節時自然直臂彈出即可；兩人配合默契，不要等待，最後同時完成動作。

第十六式　靈猴獻果（弓步立圓運球）

①身體右轉，左腳前落，甲乙雙方雙手粘球，甲右腳活步提起。（圖3-127、圖3-128、圖3-128附圖）

圖 3-127

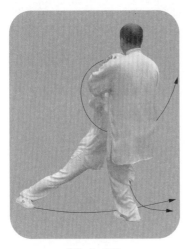

圖 3-128

圖 3-128 附圖

　　② 兩人粘球（以甲為參照方向）向左、向下再向右引
球至腹前，隨即甲乙雙方同時上右步成右弓步，兩人右手

粘球沿下弧引球至右上方，與頭同高，甲左手扶於乙肘關
節處，乙左手擺於身體左側，與肩同高。（圖 3-129、圖
3-129 附圖）

圖 3-129

圖 3-129 附圖

【要點】

步法輕靈，動作圓活，手腳配合協調，步到球到，目隨球動。

第十七式　怪蟒翻身（翻身立圓運球）

① 乙身體右轉，右腳向右後撤步；甲以左腳掌為軸，身體左轉，抬右腳向西上步；乙同時以右腳掌為軸，身體右轉，抬左腳向西上步，兩人雙手持球，由上向下經腹前弧形引至體側。（圖 3–130）

② 隨即甲向左、乙向右轉體成背向站立，同時引球至頭上，手臂基本伸直。（圖 3–131）

③ 動作不停。甲身體繼續左轉，面向東，左腳後撤（右腳可活步調整位置），重心下降落於左腳，右手粘球，左手順勢按於左髖旁；乙身體繼續右轉，左腳向東上

圖 3–130

步扣左腳，右腳活步調整位置，重心下降落於左腳，右手粘球，左手順勢按於左髖旁，面向西，甲乙雙方成右手持球；目視對方。（圖3-132）

圖 3-131

圖 3-132

【要點】

充分體現以腰帶臂，轉體靈巧、順活，不要停頓，一氣呵成。

第十八式　二龍戲珠（連環絞球）

① 甲乙右臂先外旋，兩人在球側粘球，掌指朝前。（圖 3-133）

② 甲右手掌心粘球先內旋，當旋至手心朝下時再外旋，球經右手掌心、小指側緣、掌背、拇指側緣後，再回到掌心；同時乙方右手掌心粘球先外旋，當旋至掌心朝上時再內旋，球經右手掌心、拇指側緣、掌背、小指側緣後，再回到掌心，球相對於甲逆時針旋轉一周。（圖 3-134—圖 3-137）

圖 3-133

圖 3-134

圖 3-135

圖 3-136　　　　　　　　圖 3-137

練習時，兩人協調配合，連續使球逆時針旋轉三周。

【要點】

兩人用力要均衡，力點始終在球心。

第十九式　川流不息（進退步粘推球）

① 接上動。兩人右臂內旋，掌指朝上，掌心粘球微前推，左手後擺至左肩側。（圖 3-138）

圖 3-138

② 乙提左腳經右踝內側上步，甲提右腳經左踝內側撤步；同時，甲乙左掌經左耳側前推按球，右手向斜後方擺至右肩側。（圖3-139、圖3-140）

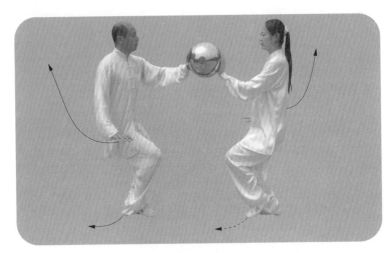

圖 3-139

圖 3-140

③上式不停，乙提右腳經左踝內側上步，甲提左腳經右踝內側撤步；同時，甲乙右掌經右耳側前推按球，左手向斜後方擺至左肩側。（圖3-141、圖3-142）

圖 3-141

圖 3-142

④ 上動不停。乙提左腳經右踝內側上步，甲提右腳經左踝內側撤步；同時，左掌經左耳側前推按球，右手向斜後方擺至右肩側。（圖 3-143、圖 3-144）

圖 3-143

圖 3-144

【要點】

兩人協調一致同時換手推球，同時抬腿落步。

第二十式　三環套月（套步擠撞球）

① 接上動。甲重心前移，左掌粘球前按；乙重心後坐，左掌粘球回引至胸前時，右掌心粘球成雙手持球。（圖3-145）

圖 3-145

② 乙引球經胸、腹沿下弧向甲推按；甲隨即雙手抱球回引上提，上右腳套於乙左腳後，同時雙手推按球擠靠乙，乙身體右轉，重心移於左腿，雙手推按球掤住甲的擠靠。（圖3-146、圖3-147）

③ 乙身體左轉，重心後移，雙手抱球（相對於甲）逆時針沿左右立圓引至腹前。（圖3-148）

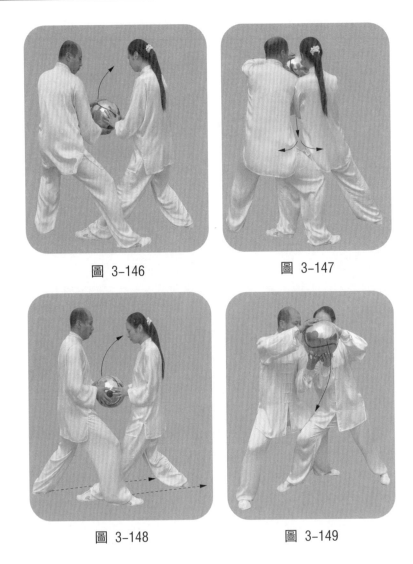

圖 3-146   圖 3-147

圖 3-148   圖 3-149

④乙提左腳後撤;甲順勢上左步套於乙右腳後,同時
雙手抱球由腹前向右、向上逆時針引至胸前,隨即推按球
擠靠乙。(圖 3-149)

⑤乙身體右轉，重心後移，雙手抱球（相對於甲）順時針沿左右立圓引至腹前，乙提右腳後撤；甲順勢上右腳落於乙左腳內側，同時雙手抱球順時針沿左右立圓上引至胸前，隨即推按球擠靠乙。（圖 3-150、圖 3-151）

圖 3-150

圖 3-151

【要點】

甲擠靠乙時要以身催球，乙鬆腰沉肩，掤住對方擠靠；乙雙手抱球引至腹前時要鬆胯，以腰領勁化解甲的擠靠勁。

第二十一式 玉女穿梭（活步立圓運球）

① 接上動。乙身體左轉，重心後移，同時雙手抱球（相對於甲）逆時針沿右左立圓引至腹前；甲隨乙動作身體右轉，雙手粘球。（圖 3-152）

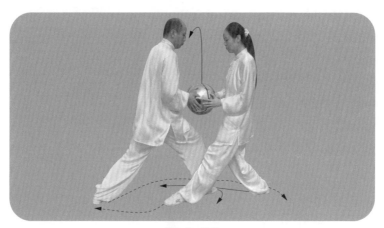

圖 3-152

② 甲上左步，左腳內扣，身體右轉，右腳活步，面向西；乙上右步，右腳尖外展，身體右轉，左腳向西撤步，面向東；甲乙右腳內側相距 10 公分左右，雙方同時粘球（相對於甲）逆時針沿右左立圓引至額前。（圖 3-153）

【要點】

引球動作不要停頓，身隨步變，球隨身變。

圖 3-153

第二十二式 金雞抖翎（腹手彈球）

① 乙雙手粘球前推；甲雙手順勢粘球經胸引至腹前，隨即重心前移，沿下弧推向乙；乙雙手粘球回引，重心後坐，經腹引球至胸前。（圖 3-154—圖 3-157）

圖 3-154

圖 3-155

圖 3-156

圖 3-157

②乙重心前移，沿上弧推向甲，甲順勢回引至腹前。
（圖 3-158）

此時兩人完成前後立圓運球一周，在練習時，動作不
停，連續運球三周。

圖 3-158

③ 接上動。甲引球至腹部時，微坐髖吸腹吞化，順勢雙手粘球上引至胸前，隨即沿上弧推向乙；乙雙手順勢粘球經胸引至腹前。（圖3-159—圖3-161）

圖 3-159

圖 3-160

圖 3-161

④ 乙隨即重心前移，沿下弧推向甲腹部；甲後坐收腹，將球緊貼腹部，雙手分於兩髖旁。（圖3-162）

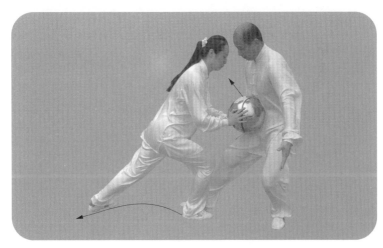

圖 3-162

⑤甲上半步沉氣鼓腹，丹田發力；乙兩臂外旋，撤右腳配合甲沉氣發力，雙手將球向甲的前上方彈拋。（圖3–163）

【要點】

甲坐髖吸腹吞化時，腹與球要貼緊，甲的丹田鼓蕩與乙的雙手彈球動作要協調配合，兩人合力將球彈起。

圖 3–163

第二十三式 流星趕月（背後拋球）

乙隨即左腳後撤墊步，右腳再撤步，然後右手接球，順勢用右手托球從背後拋向甲；甲雙手接球。（圖3–164、圖 3–164 附圖）

圖 3-164

圖 3-164 附 圖

【要點】

　　乙方撤步的大小要根據球彈出的遠近來決定，乙接球後不要停頓，順勢背後拋球。

第二十四式 獅子滾球（腕臂滾球）

接上動。甲身體右後轉，右腳原地右擺，左腳隨身體右轉扣步，提右膝以左腳為軸身體繼續旋轉，面向西，右腳向右前方落步成右弓步，同時兩臂以腕粘球，使球繞左腕連續滾動兩周，停於胸前，目視乙；乙拋球後，上右步，扣左步，身體右後轉，成右虛步，雙手擺於右肩側，右腿外擺，雙掌以掌心依次迎擊右腳腳背，右腳向右前方落步成右弓步，右手變拳架於頭上，左手變拳提於胸前向左前方打出，目視甲，甲乙雙方同時完成。（圖 3-165—圖 3-168）

【要點】

此式主要練習用腕關節滾球，兩腕滾球時一定以腰帶臂、以臂帶腕。

圖 3-165

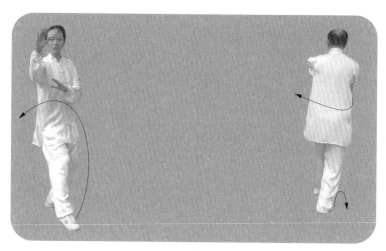

圖 3-166

圖 3-167

圖 3-168

第二十五式 懷中抱月（獨立抱球）

甲乙雙方同時站起，左腿屈膝提起，甲以腕粘球，使球繞左腕滾動一周，雙手虎口相對抱球外撐；乙兩臂內旋，虎口相對，雙掌外撐，互看對方（圖 3-169）

【要點】

提膝與雙掌外撐協調配合、同時完成。

第二十六式 旋轉陰陽（行步抱球）

甲左腳擺步前落，乙左腳扣步前落，甲按逆時針、乙按順時針方向以擺扣步行走一周（以六步或八步為宜），兩人走至相向後，上右步，右腳內側相對，相距 10 公分左右，甲雙手持球前推，乙以右手迎球，隨即甲左手按於左髖旁，兩人以右手粘球，目視對方。（圖 3-170—圖3-175）

【要點】

甲乙步調一致,速度均勻,行走時鬆腰鬆胯,重心平穩。

圖 3-169

圖 3-170

圖 3-171

圖 3-172

圖 3-173

圖 3-174

圖 3-175

第二十七式 雙龍擺尾（搓滾球）

① 接上動。兩人右手掌心粘球沿逆時針平圓運球一周。（圖3-176—圖3-180）

圖 3-176

圖 3-177

圖 3-178

圖 3-179

圖 3-180

②甲乙相向連續進步、跟步兩次，同時兩人以右手掌心及臂搓滾球，使球經過雙方的右掌、右臂、右肩、左肩至左臂。（圖 3–181－圖 3–185）

圖 3–181

圖 3–182

圖 3-183

圖 3-184

圖 3-185

③甲身體左轉，上右步，乙身體左轉，撤左步，兩人右腳內側相對，相距 10 公分左右，同時乙雙手持球沿甲左臂、左肩推滾至甲右肩窩處。（圖 3-186、圖 3-187）

圖 3-186

圖 3-187　　　　　　　圖 3-188

【要點】

甲乙搓滾球時夾球力量適中，不能過緊，也不能過鬆，使球滾動流暢。

第二十八式 金蟾吸珠（右肩化球）

① 接上動。乙雙手持球按於甲右肩窩處，甲先用掤勁接住對方來勁，乙重心前移，用球擠按甲，甲重心後移，上體微右轉，旋肩下沉，化掉乙方來勁。（圖 3-188、圖 3-189）

② 甲隨勢重心前移，擁擠對方；乙重心後移，雙手持球回引，身體微右轉，化掉甲擁擠之力，迅速回按。（圖 3-190）

在練習時，以上動作要循環三次。

圖 3-189

圖 3-190

【要點】

甲旋肩吞化時吸氣，前擠時呼氣，整個動作循環三次，中間不要停頓，完整一氣。

第二十九式 九曲運珠（肩頸滾球）

① 乙雙手持球將球推至甲右肩上方，右腳擺步落於甲右腿外側；甲順勢右肩下沉。（圖3-191、圖3-192）

圖 3-191

圖 3-192

②乙繞甲連上兩步，同時右手持球將球從甲右肩上方
經頸滾運至左肩上；甲順勢身體左轉，左腳後撤，面向
乙。（圖3-193、圖3-194）

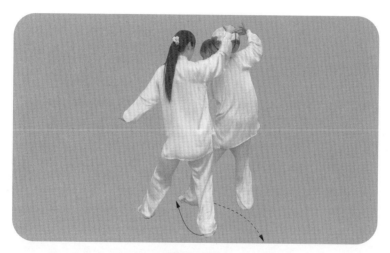

圖 3-193

圖 3-194

③ 甲乙同時右腳活步，兩人右腳內側相對，相距 10 公分左右，球由甲左肩上滾落，甲順勢雙手接球前推，兩手虎口相對，掌指朝上；乙左手迎球，兩人成雙手持球，目視對方。（圖 3-195）

【要點】

球在甲方身上滾動時不要停頓，一氣呵成；甲隨球動，身體與球的接觸點暗含掤勁。

圖 3-195

第三十式 織女紡線（立圓運球）

接上動。甲乙雙手粘球沿順時針方向右左立圓運球一周。（圖 3-196─圖 3-200）

【要點】

運球時以腰為中樞，腰胯放鬆，球上行時吸氣，下行時呼氣。

圖 3-196

圖 3-197

圖 3-198

圖 3-199

圖 3-200

第三十一式 諸葛搖櫓（立圓換手運球）

① 動作不停。甲乙右手粘球，左手扶於對方右肘關節處，仍按順時針方向右左立圓運球，當球運至腹前時，甲乙左手粘球，右手扶於對方左肘關節處。（圖3-201－圖3-203）

圖 3-201

圖 3-202

圖 3-203

② 甲乙繼續將球運至額前時，右手粘球，左手扶於對方右肘關節處。（圖 3-204、圖 3-205）

圖 3-204

圖 3-205

練習此動作時，連續運球兩周。

【要點】

甲乙運球時以腰帶臂，目隨球動。

第三十二式 仙人迎客（大将立圓運球）

① 接上動。乙抬右腿，上右步成右弓步，甲抬右腿，撤右步，重心落於右腿；同時，乙右臂內旋，右手粘球前推，左手擺於身體左側，甲右臂外旋，粘球向右、向下引至右髖外側，左手仍扶於乙右臂肘關節處，動作不停，右臂微外旋繼續上引至右肩前，目隨球動。（圖3-206、圖3-207）

② 甲上右步，乙撤右步；同時，甲右臂內旋，右手粘球前推，左手擺於身體左側，乙右臂外旋，粘球向右、向下引至右腹前，左手順勢扶於甲右肘關節處。（圖3-208）

③ 動作不停，甲抬左腳準備上步，同時左手迎球成雙手粘球；乙仍右手粘球，左手扶於甲右肘關節處，甲乙粘球沿順時針立圓運球至乙右肩上方。（圖3-209）

圖 3-206

圖 3-207

圖 3-208

圖 3-209

④ 兩人繼續粘球沿順時針立圓運球至腹前，同時甲左腳下落成半馬步，重心偏於左腿，雙手粘球；乙身體微左轉，直立站起，左腿屈膝提起，左臂屈肘挑掌，目視前方，右手粘球推按。（圖3–210、圖3–210附圖）

【要點】

整個動作不可停頓，一氣呵成。運動時目隨球動，定勢時目視東方。

圖 3–210　　　　　　　　圖 3–210 附圖

第三十三式　俯仰乾坤（仰身雲球）

① 接上動。乙以右腳掌為軸身體右轉，左腳落步，面向西，甲右腳活步落於乙兩腳之間；同時，甲乙右手掌心粘球，沿逆時針方向經乙頭上方雲球一周，乙隨雲球動作身體後仰。（圖3–211、圖3–212）

圖 3-211

圖 3-212

②甲撤右步，乙上右步；同時，甲乙右手掌心粘球，沿逆時針方向經甲乙胸前雲球一周。（圖 3-213—圖 3-217）

圖 3-213

圖 3-214

圖 3-215

圖 3-216

圖 3-217

③甲撤左步，乙上左步，左腳落於甲右腿外側；同時，乙右手粘球前推，甲右手粘球回引，隨即兩人右手掌心粘球沿逆時針方向經乙頭上方雲球一周，乙隨雲球動作身體後仰。（圖 3-218—圖 3-222）

圖 3-218

【要點】

雲球要平，雲球時乙上體儘量後仰，但不可過於勉強。

圖 3-219

圖 3-220

圖 3-221

圖 3-222

第三十四式 金雞獨立（獨立粘推球）

①接上動。乙上右步成右弓步，甲撤右步，重心落於右腿；同時，乙右臂內旋，右手粘球前推，左手擺於身體

左側，甲右臂外旋，右手粘球向右、向下引至右髖外側，左手順勢扶於乙右肘關節處，動作不停，右臂微外旋繼續上引至右肩前，目隨球動。（圖 2-223、圖 3-224）

圖 3-223

圖 3-224

② 甲右手粘球前推；乙右手粘球回引，順勢撤右步，身體右轉，左腿屈膝提起；同時甲身體左轉，右腿屈膝提起，右手繼續粘球前推，左手擺於身體左側；乙左手迎球成雙手粘球，目視對方。（圖 3-225、圖 3-226）

圖 3-225

圖 3-226

【要點】

此式開始時，由於上動兩人距離較近，甲可以向後活動兩步，以動作舒適流暢為度；若單獨練習此式，獨立勢後，甲右腳向前落步，乙左腳向左側落步，向右引球，然後甲右腿獨立、雙手粘球，乙左腿獨立、右手推球，雙方循環互換練習。

第三十五式　龍鳳呈祥（仆步放球）

① 乙左腳落步，兩腳平行，與肩同寬，甲右腳擺步落於乙左腳前，身體右轉，左腳扣步落於乙右腳前，兩人相向而立；同時，甲左手迎球，兩人成雙手持球，目視對方。（圖 3-227）

圖 3-227

②甲乙雙手粘球沿順時針右左立圓運球一周。（圖
3-228－圖 3-233）

圖 3-228

圖 3-229

圖 3-230

圖 3-231

圖 3-232

圖 3-233

③ 隨即甲乙屈膝下蹲，右腿向右平鋪成右仆步；同時，甲乙分別左手粘球，虎口朝下，隨下蹲緩緩將球輕放於地上，右手擺於右肩上方。（圖 3-234、圖 3-235）

圖 3-234

圖 3-235

【要點】

下蹲時，配合呼氣，速度緩慢均勻，鬆腰落胯，上體不可過於前俯。

第三十六式 引氣歸元（收勢）

① 甲乙直立站起，同時收右腳，與肩同寬，併步站立；同時，配合吸氣，兩手緩緩抬起，與肩同高，然後呼氣，兩掌緩緩下按至腿兩側。（圖3-236—圖3-238）

圖 3-236

圖 3-237

圖 3-238

② 甲併右腳，乙併左腳，兩人併步站立，目視對方，然後甲向右轉、乙向左轉，面南站立。（圖 3-239、圖 3-240）

圖 3-239

圖 3-240

【要點】

此式為收勢，動作舒緩，身心放鬆，氣沉丹田，可稍靜站片刻，使氣息平穩。

附　錄

國家體育總局關於在全國徵集
武術健身方法的通知
體武字〔2002〕256 號

各省、自治區、直轄市、計畫單列市體育局：

為進一步貫徹落實《全民健身計畫綱要》，充分發揮
武術這一民族傳統文化瑰寶在全民健身活動中的作用，深
入挖掘整理散落在民間的各種優秀武術健身方法，決定自
2002 年 10 月至 2003 年 6 月在全國徵集武術健身方法。現
將《關於在全國徵集武術健身方法實施方案》印發給你
們。請你們充分認識開展這項活動的意義，切實加強領
導，認真依照《實施方案》組織實施，並請及時將組織實
施中遇到的問題和進展情況回饋給國家體育總局武術運動
管理中心。

聯繫電話：010-64912159
聯繫地址：北京市朝陽區安定路 3 號武術運動管理中心
郵　編：100101

二〇〇二年九月二十三日

附 件

關於在全國徵集武術健身
方法實施方案

一、目的、意義

　　為進一步貫徹落實《全民健身計畫綱要》，充分發揮武術這一民族傳統文化瑰寶在全民健身活動中的作用，深入挖掘整理散落在民間的各種優秀武術健身方法，加大推廣武術健身活動的力度，同時遏制邪教「法輪功」，決定在全國徵集武術健身方法。

二、組織機構

　　此次徵集活動將成立由有關專家和行政工作人員組成的「全國徵集武術健身方法評審委員會」，由國家體育總局武術運動管理中心負責組織實施。

三、徵集時間

　　從 2002 年 10 月 26 日起至 2003 年 6 月 26 日截止（以郵戳為準）。

四、徵集原則

　　應徵的武術健身方法，必須具備：

(一)科學性：安全可靠，無損健康，符合人體生理特點和規律。

(二)健身性：增強體質、增進身心健康。

(三)群眾性：簡便易行，為群眾所喜愛，易於普及推廣。同時，其鍛鍊方法與表現形式應具有一定的觀賞性。

五、徵集範圍

在全國範圍內廣泛徵集，其內容包括各民族傳統的或現代創編的武術健身方法。

六、徵集方法

（一）發揮各級體育行政部門及武術協會和相關單位的作用，有組織地廣泛徵集。

（二）發揮各類新聞媒體的作用，面向社會，面向群眾，廣泛徵集。

七、報送方式

可由習武者個人或武術館、校、研究會等填表後逐級上報，最後由各省、自治區、直轄市、計畫單列市體育行政部門或武術管理部門統一推薦報送。

八、推薦申報材料

凡未被徵用的材料均不予退還。

九、評審、編輯、出版工作

在匯總申報材料的基礎上，組織考察、調研、評審。

十、獎　勵

（一）凡入選者均頒發榮譽證書。

（二）凡參與者均發紀念證書。

十一、有關要求

（一）各級體育行政部門要充分認識開展這項活動的重要意義，切實加強領導，採取有效措施，做好宣傳、發動、組織徵集等工作。努力爭取新聞媒體包括報刊、電視、廣播、網路等的大力支持，以吸引廣大群眾的廣泛參與。

（二）凡上報材料，務請嚴格把關，防止把優者漏掉，同時堅持優選，寧缺毋濫。對參選材料，務必簽署意見，並加蓋體育行政部門公章。

（三）大力宣導深入群眾、調查研究、實事求是、紮實細緻的工作作風和解剖麻雀、以點帶面的工作方法，以確保此項活動高效、順利、圓滿、成功。

彩色圖解太極武術

1 太極功夫扇
定價220元

2 武當太極劍
定價220元

3 楊式太極劍

定價220元

4 楊式太極刀

定價220元

5 二十四式太極拳＋VCD

定價350元

6 三十二式太極劍＋VCD

定價350元

7 四十二式太極劍＋VCD
定價350元

8 四十二式太極拳＋VCD

定價350元

9 楊式十八式太極劍
定價350元

10 楊氏二十八式太極拳＋VCD

定價350元

11 楊式太極拳四十式＋VCD

定價350元

12 陳式太極拳五十六式＋VCD
定價350元

13 吳式太極拳五十六式＋VCD

定價350元

14 精簡陳式太極拳八式十六式

定價220元

15 精簡吳式太極拳三十六式 拳架・推手

定價220元

16 夕陽美功夫扇

定價220元

17 綜合四十八式太極拳＋VCD
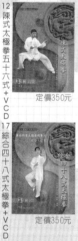
定價350元

18 三十二式太極拳 四段

定價220元

19 楊式三十七式太極拳＋VCD

定價350元

20 楊氏五十一式太極劍＋VCD

定價350元

21 嫡傳楊家太極拳精練二十八式

定價220元

22 嫡傳楊家太極劍五十一式

定價220元

23 嫡傳楊家太極刀十三式

定價220元

國家圖書館出版品預行編目資料

雙人太極球/于海　創編　國家體育總局武術運動管理中心　審定
——初版，——臺北市，大展，2010〔民99.10〕
面；21公分 ——（武術健身叢書；2）
ISBN　978－957－468－777－0（平裝）

1.球類運動

528.959　　　　　　　　　　　　　　　　99017535

雙人太極球

創 編 者/于　　海
審　　　定/國家體育總局武術運動管理中心
責任編輯/李 彩 玲
發 行 人/蔡 森 明
出 版 者/大展出版社有限公司
社　　　址/台北市北投區（石牌）致遠一路2段12巷1號
電　　　話/（02）28236031・28236033・28233123
傳　　　眞/（02）28272069
郵政劃撥/01669551
網　　　址/www.dah-jaan.com.tw
E - mail / service@dah-jaan.com.tw
登 記 證/局版臺業字第2171號
承 印 者/傳興印刷有限公司
裝　　　訂/建鑫裝訂有限公司
排 版 者/弘益電腦排版有限公司
授 權 者/北京人民體育出版社
初版1刷/2010年（民99年）10月

定　　價/200元

大展好書　好書大展
品嘗好書・冠群可期